DE LA
NOUVELLE INTERDICTION
DE TOUTE CHASSE
A L'EXCEPTION DE LA CHASSE AU FUSIL

A CE PROPOS

CERTAINS APERÇUS
SUR LES OISEAUX INDIGÈNES ET DE PASSAGE DANS LES LANDES
SUIVIS DE QUELQUES OBSERVATIONS SUR L'AGRICULTURE

Par l'abbé V. SUPPERVIELLE

DEUXIÈME ÉDITION

El aman di qui busia… ani.
PIC DE LA MIRANDOLE

DAX
IMPRIMERIE J. JESTÈDE
24, BOULEVARD DE LA MARINE, 24

1877

DE LA
NOUVELLE INTERDICTION
DE TOUTE CHASSE
A L'EXCEPTION DE LA CHASSE AU FUSIL

A CE PROPOS

CERTAINS APERÇUS
SUR LES OISEAUX INDIGÈNES ET DE PASSAGE DANS LES LANDES
SUIVIS DE QUELQUES OBSERVATIONS SUR L'AGRICULTURE

Par l'abbé V. SUPPERVIELLE.

DEUXIÈME ÉDITION

Et etiam de quibustam aliis.
PIC DE LA MIRANDOLE.

DAX
IMPRIMERIE J. JESTÈDE
24, BOULEVARD DE LA MARINE, 24.
—
1877

PRÉFACE
DE LA DEUXIÈME ÉDITION

Je me décide enfin à donner une deuxième édition à ma notice.

Si je me contentais de dire que l'accueil favorable qui a été fait à la première m'a déterminé, pourrait-on me traiter d'optimiste habile à se faire, pour si peu, de trop agréables illusions et attribuer son rapide écoulement à quelqu'autre motif.

Si j'allais jusqu'à rappeler les bienveillantes appréciations orales qui m'ont été adressées, ne suspecterait-on pas encore la fidélité d'une mémoire trop encline à ne se souvenir qu'en tamisant ses rétrospectifs aperçus à travers les prismes d'une présomption plus ou moins éblouie par ses propres reflets. C'est qu'il est écrit : *verba volant*, et, une fois envolées, n'est-il pas méséant, même à une délicatesse vulgaire, de les poursuivre, de les rappeler, sous peine d'impudeur, pour les faire parader, les paroles louangeuses, sous des regards devenus défiants et ombrageux.

Mais il me reste quelques données irrécusables que la crainte de tomber dans un autre écueil ne peut néanmoins m'empêcher de fournir. Il est vrai que la présomption éblouie risque de devenir alors une indiscrétion tout aussi vaniteuse. Toutefois, j'aime autant passer pour un vaniteux indiscret, mais véridique, pourvu surtout que cette indiscrétion apporte comme un titre au moins coloré, le prétexte d'un bénéfice au profit de la cause que j'ai plaidée, la cause du droit de tous à la chasse aux oiseaux. Ne corroboré-je pas ainsi les motifs fournis par ma suspecte obscurité de l'autorité de quelques noms autrement recommandables. Aussi me suis-je décidé à reproduire quelques appréciations écrites, et le lecteur, d'après la teneur et l'importance de ces adhésions, jugera mieux de la valeur des raisons qui ont déterminé cette seconde édition. Sera-t-il peut-être alors dispensé du soin trop perplexe de formuler, lui-même, un jugement. La Bruyère n'a-t-il pas dit : « Bien des gens vont jusqu'à sentir le mérite d'un manuscrit, qui ne peuvent se déclarer en sa faveur, jusqu'à ce qu'ils aient vu le cours qu'il aura par l'impression, ou quel sera son sort parmi les habiles. Ils ne hasardent point leurs suffrages ; ils veulent être portés par la foule, entraînés par la multitude. Ils disent alors que, les premiers, ils ont approuvé cet ouvrage, et que le public est de leur avis. Ce cas arrive surtout quand l'auteur ne s'est pas encore fait un nom et qu'il n'a rien qui prévienne en sa faveur. »

Puisque je suis avec La Bruyère, devançant le seul reproche qui m'ait été fait dans quelques-unes des appréciations que je dois citer : le défaut de confiance en mon œuvre; je charge encore cet observateur si sagace de répondre pour moi : « La même justesse d'esprit qui nous fait écrire de bonnes choses nous fait appréhender qu'elles ne le soient pas assez pour mériter d'être lues. »

Je reviens à mon indiscrétion, mais ne trouve-t-elle pas une excuse dans l'exemple contagieux de tant d'autres exhibitions de ce genre exploitées au profit de toutes les industries, de toutes les ambitieuses vanités, exhibitions hasardées peut-être avec moins de scrupule, peut-être encore avec plus de raison d'en avoir.

D'ailleurs, si j'y regarde de plus près, la si vive spontanéité avec laquelle semblent m'avoir été adressés ces temoignages doit tendre tellement à dissiper ma crainte à cet égard que je ne tarde pas à me figurer bientôt que j'oblige mes correspondants en les rangeant ainsi, *modo eminentiori*, au nombre des collaborateurs d'un opuscule auquel ils ont bien voulu donner des preuves d'une éclatante sympathie. Ne semblent-ils pas alors devoir être bien aises de prêter à la communauté de nos vues le concours de leur crédit. Et, comme pour les en récompenser, n'ai-je pas le soin de les mettre réciproquement en assez bonne compagnie, pour qu'ils aient à me remercier, à leur tour, de leur servir d'huissier qui les introduise dans ce modeste vestibule de l'histoire naturelle de notre bon pays des Landes où ils trouveront, du moins, quelque plaisir à se rencontrer ensemble.

J'ai cru devoir substituer ces préliminaires à la dédicace de ma première édition qui n'avait plus sa raison d'être, parce qu'elle me semble, aujourd'hui surtout, impropre et démodée.

Et maintenant, laissant de côté toute préoccupation syndérétique, je compulse ce qui reste de mes vieilles correspondances ; je prends quelques extraits et je transcris :

Villeneuve, 3 février 1874.

J'achève de lire votre pétition et je demeure sous le charme de cette lecture... C'est que vous avez fait un vrai petit chef d'œuvre. Il vous faut l'envoyer à quelque revue afin qu'il ne périsse pas. Et puis faites-le réimprimer sur beau papier et gros caractère ; adressez-le à la Chambre ; j'en serais fier pour vous et pour nous tous.

Merci infiniment pour l'excellente heure que vous m'avez fait passer...

L. LUGAT,
Doyen, ancien professeur d'histoire au Collége d'Aire.

Saint-Sever, 7 février 1874.

J'ai reçu votre brochure avec une très vive reconnaissance, et je l'ai lue avec le double intérêt qui s'attache à une chose bien dite et bien faite...

Votre notice est la plus charmante et en même temps la plus complète causerie que je connaisse et qui sans doute ait été faite sur les oiseaux de notre pays, de tous les pays peut-être.

Voilà pour la forme : quant au fonds, vous êtes complètement dans la vérité.

Je suis de ceux qui pensent que M. le comte de Dampierre a rendu un véritable service en portant à qui de droit les réclamations légitimes des chasseurs landais.

Louis SENTEX,
Docteur, maire de Saint-Sever.

Vicq, 9 février 1874.

Bien merci pour ton aimable et gracieux souvenir. C'est avec un vrai plaisir que j'ai lu ton mémoire si rempli d'excellentes observations en histoire naturelle, si plein de souvenirs classiques, c'est-à-dire de bonne littérature. Non, bien que tu en dises, ta plume ne connaît pas encore le : *tarda senectus;* elle est comme ton cœur...

Oui, de même qu'on exagère les services rendus à l'agriculture par certaines espèces d'oiseaux, exagère-t-on le ravage de certains autres.

Ton travail bien compris serait de nature à sauvegarder bien des choses ; les vrais amateurs te comprendront en te lisant ; mais ce ne sont pas ceux-là qui seront appelés à réglementer la chasse ; et, pour les autres, tu verras que s'ils ont jamais compris le : *Ne sutor ultrà crepidam,* ils ne savent plus ce que ça veut dire.

A. CABIRO,
Ancien professeur de Juilly.

Mont-de-Marsan, 11 février 1875.

Grand merci pour le souvenir, merci surtout pour le plaisir si vrai, si nouveau que m'a causé la lecture d'une notice aussi intéressante.

Armand DULAMON,
Président de chambre à Toulouse.

Dax, 15 février 1875.

La lecture de ta brochure m'a fait le plus grand plaisir. Je ne fais à cette notice qu'un reproche, celui de ne pas se présenter avec plus d'assurance. Qui donc est plus que toi compétent sur la matière ? Qui est plus capable de la traiter dans un magnifique style ? A ta place, si les ordonnances continuaient à défendre la chasse aux oiseaux autrement qu'au fusil, je traiterais magistralement la question sans crainte de la critique et sans demander au public la permission de me montrer ; je suis sûr, avec bien d'autres, que tu obtiendrais un grand succès.

Damase DESQUERRE,
Ancien aumônier.

Château de Plaisance, 19 février.

Je suis bien involontairement en retard pour vous remercier de votre gracieux envoi...

Vous calomniez votre charmante brochure en soupçonnant qu'elle peut manquer d'actualité. Car rien n'est plus vrai, plus intéressant, plus instructif que les détails charmants si joliment groupés par votre plume élégante autour de cette question si importante pour nos populations.

Il n'y a donc qu'une chose que je n'accepte pas dans ce délicieux opuscule : vos excuses.

Le Comte de DAMPIERRE.

Port-de-Lanne, 25 février 1875.

J'ai reçu ta délicieuse brochure avec reconnaissance ; je l'ai lue avec le plus agréable plaisir, mais je l'ai lue trop et trop peu pour ne vouloir pas la relire encore avant de la communiquer à plus expert sur la matière qu'elle traite. La forme me suffit et me rassure sur les qualités du fonds.

PEYRUCAT,
Ancien professeur.

Versailles, 26 février.

J'ai profité de notre congé pour lire la délicieuse brochure que vous avez eu l'attention de m'adresser avec une aussi jolie lettre, je m'empresse de vous remercier de l'une et de l'autre.

J'ai lu, tout d'un trait, tant le charme était irrésistible, votre plaidoyer si gracieux, si juste, à la fois, en faveur de la chasse aux petits oiseaux. Je l'ai trouvé si plein de raison et d'humour ; aussi, grâce à vous, ais-je passé deux heures bien agréables ; ce qui, dans notre vie si irritante, est bien loin d'être à dédaigner ; donc, merci à vous, Monsieur l'abbé, et aussi mes plus sincères compliments.

Permettez-moi de vous signaler une légère erreur, un simple *lapsus*, pour le cas où votre brochure qui le mérite à tous égards, serait réimprimée. Les vers de la fin me semblent être non pas de Delille, mais de Louis Racine, dans son poème de la *Religion*. Je vous demanderais pardon de mon pédantisme si mon observation pouvait enlever le moindre mérite à votre gentille notice. N'ajoute-t-elle pas au contraire à la grâce de son peu d'apprêt ?

Albert BOUCAU,
Député.

Maurrin, 28 février.

Merci de votre gracieux envoi, j'ai lu ces quelques pages avec intérêt et avec charme ; mais non point avec étonnement ; je vous connaissais déjà. Tout en les parcourant, je ne pouvais me défendre d'un sentiment pénible ; une fois de plus je regrettais... je me demandais...

P. LAFARIE,
Ancien professeur de philosophie du Collége de Dax.

Bordeaux, 4 mars.

Tu as fait un bien intéressant travail, un bien charmant écrit.

Tu as parlé de ce que tu savais si bien et ce plaidoyer n'est-il pas un traité complet fait avec une rare compétence. Le fond est plein d'une science spéciale et la forme est on ne peut plus gracieuse et spirituelle.

Dans le tissu de ta narration descriptive tu as introduit des rapprochements si bienvenus, des allusions si naturelles, que tout cela découlait avec une rare grâce de ta plume trempée dans une érudition que la servait si bien.

Tu m'as ému jusqu'aux larmes avec ton évocation de ce cher abbé Lormand, une nature si bien faite pour te comprendre, une intelligence et des goûts si capables d'apprécier ta belle notice si la mort ne lui avait enlevé cette jouissance.

Cyrille DUBROCA,
Ancien professeur de rhétorique du Collége d'Aire.

Château de Caupenne, 6 mars.

J'ai lu avec infiniment de plaisir l'opuscule de M. l'abbé Suppervielle...

Je crois avec lui qu'il aurait été possible de concilier dans une certaine mesure les intérêts de l'agriculture avec ceux de la chasse aux oiseaux de passage...

On réunit tous les jours des congrès internationaux pour des affaires qui n'ont pas l'importance de celle-là. Si le département des Landes doit être représenté au futur congrès, nul ne saura mieux que l'abbé Suppervielle remplir ce mandat.

Comme tout cela est écrit de verve et de cœur ! Si c'est comme il l'assure, un écrit improvisé et sans référence à des livres spéciaux, c'est vraiment un incroyable tour de force...

Il a du premier coup égalé, sinon surpassé une œuvre analogue citée avec grands éloges dans le traité général des eaux et forêts : Chasses de Beaudrillard par le père Philippe d'Inville dont le nom propre est Amiot. Quand le Père composa son ouvrage, il était professeur de réthorique au collège de Rouen...

Son livre est actuellement fort rare et ne doit plus se trouver que dans quelque grande bibliothèque de la compagnie de Jésus. Si je l'avais, je me ferais un plaisir de le mettre à la disposition de l'abbé Suppervielle pour qui ce serait un vrai régal, je devrais dire un double régal de gourmets : science ornithologique et poésie...

Je ne serais pas étonné cependant que si de vrais amateurs avaient à apprécier le mérite des deux opuscules, ils ne donnassent la préférence à l'œuvre de l'abbé Suppervielle sur celle du père d'Inville.

Merci donc de nouveau pour le plaisir que vous m'avez procuré en me fournissant l'occasion de lire cet à-propos cynégitique d'un mérite bien rare.

De CÈS-CAUPENNE père.

Aire, 9 mars.

Il n'a fallu rien moins que le agréments surabondamment répandus dans votre opuscule pour en poursuivre, quand même avec plaisir, la lecture jusqu'à la fin ; car votre typographe a de grands progrès à faire dans son art.

LE PAIGE,
Ancien inspecteur universitaire.

Bastennes, 9 mars.

....Comme chaque page de ton œuvre a une parure nouvelle ! On croit bientôt que c'est fini ; que ça ne peut plus durer ; mais la mine est inépuisable ; et la richesse de ton écrin à perles fines est féerique.

Est-il regrettable que tu n'aies pas débuté plus tôt ! Comme il le serait surtout si tu persistais à ne plus donner à tes amis de si attrayantes, de si instructives distractions ; de si justes raisons d'être fiers de ton amitié !

L'ombre dans laquelle tu as vécu ne s'est-elle pas déjà, trop longtemps, projetée sur eux ?

BARCUS,
Ancien professeur de seconde du collège de St-Sever.

Villeneuve, 16 mai.

J'ai relu votre opuscule avec un plaisir nouveau.

Vous aurez mille fois raison de le rééditer. C'est une page littéraire d'un goût, d'une fraîcheur, d'un entrain, d'un humour délicieux. Il n'est pas un naturaliste qui ait écrit des pages aussi fines et d'allures si françaises.

N'y changez rien s'il vous plaît, laissez à votre œuvre le gracieux abandon d'un premier jet. Ayez soin seulement d'exiger de votre imprimeur qu'il emploie des caractères dignes de votre charmant travail.

L. LUGAT,
Ancien professeur.

Il est fort heureux que plusieurs de ces encourageantes félicitations, même écrites, violant la consigne : *scripta manent,* aient disparu, par suite d'une imprévoyante incurie ; encore heureux qu'il convienne à ma lassitude d'en supprimer quelques autres, pour importantes qu'elles semblent être ; n'est-il pas temps de m'écrier avec Virgile :

Claudite jàm pueri rivos, sat prata biberunt ;

C'est que la surabondance amène le dégoût ; un délayement excessif cause la flaccidité, et le fond finirait par être tellement détrempé par la fluidité des accessoires qu'il arriverait à perdre son intrinsèque et ferme saveur encore neutralisée par la diversité des condiments.

Ne me faudrait-il pas néanmoins, comme pour ornementer ce péristyle par trop fruste et dégarni ; pour émoustiller surtout l'entrain d'un visiteur hésitant, indécis, appendre ici, ne fût-ce qu'en guise d'épigraphe archaïque, incrustée, comme dans un médaillon, au moins une de ces réminiscences classiques empruntant toujours je ne sais quel frémissement enthousiaste au contact si électrique des premières impressions de nos études. L'éclat de cette inscription relevée du prestige des grandeurs antiques ne projeterait-il pas, pour les illustrer, son reflet sur les noms que je suis fier d'avoir cités.

Mais où sont les neiges d'antan ? Où sont les inscriptions, les devises ?

Les vieux souvenirs sont effacés, et plutôt que de chercher à fourbir les vieilles rouilles d'une mémoire oxydée, plutôt que d'aller fouiller dans les auteurs poudreux, pêle-mêle confondus, même égarés, n'aurai-je pas plus vite fait de fabriquer, sur place, une demi-tirade ; elle ne causera pas, il est vrai, un de ces tressaillements provoqués par une admiration disposée à l'avance, même déjà faite ; elle n'aura pas surtout cette fine saveur qui plaît aux natures délicates, et les avantages seront pour moi seul. Mais je serai dispensé d'un grand embarras, puisque les douleurs de l'enfantement seront bien moins laborieuses que les soucis d'une poursuite sans résultats, d'une course pénible après le sujet introuvable d'une adoption quelconque.

Donc, sans autre armure défensive contre la critique que la calleuse dureté de son plébéien épiderme, sans autre prestige qu'un vulgaire à-propos, sans autre burin qu'un lourd ciseau, mon épigraphe s'incruste avec son dur relief :

> Que ne puis-je aussi bien que Virgile et Horace
> Arrivant de si loin sur leur sublime trace,
> Donner à ces Mécène une immortalité,
> En inscrivant leurs noms au front de mon traité !

Et puisque je suis en train de façonner des immortalités, que pour l'étoffe de tant de façons, il me faut découper, taillader en plein drap, en plein sujet, ne puis-je aussi bien, puisque m'y voilà, penser à me costumer aussi, et, de la pièce, détacher, pour mon compte, quelque étroite bandelette, une de celles qui servaient à comprimer les momies.

Il est certain que je n'irai pas, aux risques de commettre la plus téméraire énormité, j'allais dire une profanation, je n'irai pas évoquer la grande ombre d'Epaminondas léguant aux échos de Leuctres et de Mantinée, sa seule postérité, le soin de perpétuer sa mémoire drapée dans les fastueux replis d'une légende héroïque ; je suis et je dois être un peu plus modeste ; aussi me contenterai-je d'un simple point d'orgue soupiré à mon adresse par les petits oiseaux de ma notice et de mon aperçu, alors que, dans leur cage ou sous la feuillée, ils feront entendre leur ramage.

Bien à propos, comme vous le voyez : *monstrum desinit in piscem*, et, grâce à cette terminaison moins rugueuse, plus glissante, le monstre à queue de poisson peut-il échapper aux étreintes de la censure, c'est-à-dire à l'apparence d'une emphatique prétention.

AVANT-PROPOS
DE LA PREMIÈRE ÉDITION

Cette notice n'était pas destinée, tant s'en faut, à voir le jour sous la forme d'une brochure. Un accident la fit naître, un accident faillit la faire mourir. L'arrêté préfectoral qui prohibait toute chasse à l'exception de la chasse au fusil, souleva bien de mécontentements, causa bien de déceptions, contraria tant d'habitudes, que M. le comte de Dampierre, toujours au service des intérêts légitimes, des jouissances honnêtes, s'en émut ; et lui qui, au Conseil général, avait plaidé la cause si juste des chasseurs landais, se dévoua jusqu'à prendre l'initiative d'une circulaire poussant à la réclamation des droits méconnus, à la reprise des habitudes contractées, à la réfutation des arguments fournis par l'autorité, sous l'inspiration de données scientifiques qui criaient à la ruine de l'Agriculture.

Chargé par notre commune de fournir son contingent de réclamations et de motifs, le commissionnaire ne pût me donner que trois jours de délai, un jour pour la composition, l'autre pour la copie et le troisième il devait porter la pétition d'Artassens motivée à sa destination.

Mais la chasse aux oiseaux avait été la plus ardente distraction de ma vie et, quand je parlais des oiseaux, les douces réminiscences débordaient et versaient à flots pressés. Or, je ne pouvais perdre du temps à consulter des livres ; cette démangeaison si ordinaire à l'écrivain qui se défie de ses forces, m'était interdite. Je n'avais pas de livres, pas même ce livre unique dont le lecteur paraissait si redoutable à Sénèque lorsqu'il disait : *Timeo hominem unius libri*. Dans cette retraite que je ne dois pas qualifier, comme le missionnaire transatlantique, je n'avais emporté que mon bréviaire ; pour la croix, les prédestinés à la douleur la portent toujours avec eux ; mais, je le répète, j'avais tous les souvenirs de ma jeunesse, j'avais toutes les observations d'une vie entière passée dans les champs, et mon manuscrit fut achevé au jour fixe, au moment précis.

Or, la lecture d'un manuscrit est fatigante, indigeste et je proposai son impression dans un journal ; elle me fut refusée, mon œuvre semblait être trop longue, même pour des feuilletons continués ; peut-être aussi n'avait-elle pas pour elle le prestige attaché à un nom inconnu, au défaut de cet autre prestige, souvent aussi capricieux, attaché quand même à un auteur en vogue.

J'allais en rester là, quand un conseil qui me souriait me poussa vers la brochure mais me souvenant à propos de la satire de Boileau :

> Il faut compter, dit le marchand,
> Tout est encor dans ma boutique ;

Et voulant bien moins la voir s'en aller :

> Habiller chez Francœur le sucre et la canelle ;

Je n'ai commandé que le tirage de quelques exemplaires ; je les destine aux rares connaissances que je puis avoir ; car, que cela me plaise ou ne me plaise pas, il me faut dire avec Martial : *Me raris juvat auribus placere.*

Cependant, il me restait encore quelque sydérèse ; j'avais beau me dire que je laissais aux autres des champs plus grandioses que quelques observations sur la chasse, sur la vie d'un oiseau ; ils pouvaient bien eux me laisser ce qu'ils ne voulaient pas : *Non omnes arbusta juvant neque humiles myricæ;* ma brochure ne me semblait pas moins une prétention exagérée, lorsque Quintilien a fini par me rassurer avec ce précepte : *Non tàm refert quid dicas, quàm quo loco.*

Il resterait peut-être à me reprocher quelques

boutades un peu trop brusques à l'endroit de ceux dont la science importune, veut ou va nous priver des plaisirs de la chasse ; mais ils ne verront jamais cet embryon littéraire ; le vissent-ils, leur dédain en ferait bonne justice, et je crois les entendre me jeter à la face cette apostrophe redondante que notre bonne vieille géographie de Crozat imposait à notre admiration ingénue : qui s'offenserait d'être appelé chien par un turc parce qu'on n'est pas, comme lui, de la secte d'Omar !

Quoiqu'il en soit, de ma détermination jusqu'au journaliste, du journaliste à l'imprimeur, et de l'imprimeur jusqu'au lecteur, les entr'actes ont été si longs que, parti si tôt, je devais être le premier, et j'arrive quand c'est fini.

Et encore, n'ai-je pas su profiter de ce répit et tirer parti des leçons du maître, de Boileau : si j'ai corrigé quelque peu, j'ai retranché beaucoup moins, et, dans tous les cas, ajouté beaucoup trop.

A la suite d'un guide comme M. le comte de Dampierre, on ne saurait s'égarer ; c'est pourquoi je vais apposer avec une allègre confiance ma signature à la file des pétitionnaires qui réclament la liberté de la chasse aux oiseaux, et associer mes faibles raisons à l'exposé de leurs motifs.

La destruction des oiseaux devient la ruine de l'Agriculture, prétexte l'arrêté appuyé sur les inductions théoriques de la science.

Or, les inductions pratiques disent le contraire. En dehors de toutes les démonstrations plus ou moins abstraites des nomenclateurs, ce livre de la nature constamment ouvert à qui daigne y jeter les yeux, enseigne avec autant de fruit et de véracité, demande moins d'efforts, procure surtout plus de jouissances que tous les traités possibles ; et, comme elle n'a plus de secrets pour ses véritables adeptes, elle sait bien dire à qui veut le savoir d'elle seule, les espèces d'oiseaux vraiment utiles et vraiment nuisibles qu'il faudrait ou conserver ou détruire ; et, partant, quelle chasse peut être prohibée, tolérée ou même encouragée ; quand je dis encouragée, ne semble-t-il pas étonnant en effet que l'Administration supérieure qui tant s'intéresse à l'agriculture et par suite à l'interdiction des chasses qui lui sont préjudiciables, n'encourage pas, au moins autant, les chasses qui lui seraient profitables.

Ainsi la chasse au geai qui, dans nos jardins, ne laisse ni pois, ni fèves, dont il prend du moins toutes les primeurs ; qui ne donne pas même à nos cerises le temps de mûrir, qui prélève sur nos maïs en lait une si désolante part ; la chasse aux choucas, aux freux, aux corbeaux, aux corneilles, aux pies qui boivent aussi nos maïs, détruisent tant de semailles, pillent et vident les nids des oiseaux plus faibles, déchiquètent les jeunes canards, les oisons, les poussins et crèvent les yeux des brebis invalides ; la chasse aux milans, aux buses, qui achèvent de ruiner nos basse-cours ; aux gerfants, aux faucons qui déciment nos pigeonniers ; aux éperviers, aux émérillons, aux crécerelles qui font la chasse à nos chasses ; la chasse surtout au moineau et à son compère le friquet, deux insignes pillards qui, par myriades, s'abattent sur nos champs de froment qu'ils ravagent, et sur les millets, les panis qui n'ont plus à la récolte, qu'une paille stérile ; sans compter les dégâts qu'ils font plus tard, dans nos greniers et jusque dans les jabots percés des pigeonneaux... Et cependant, le moineau a été recommandé à la protection de la loi comme profitable à l'agriculture ; sans doute par quelque admirateur effréné des vers d'Ovide sur le moineau de Lesbie, ou quelque naturaliste Parisien émerveillé des faits grossiers et stupides de ses pierrots dans les gouttières...... Recommander le moineau ! lui qui, même pressé par la faim, ne mangerait pas, dans un an, les larves qu'une mésange charbonnière porterait, dans un jour, à sa nombreuse couvée ! Lui qui, dans sa vie inutile, étourdissante, paresseuse, crapuleuse aura dévoré le grain qui aurait suffi à la nourriture de bien des malheureux ?...... Et trompée par une science aveugle, l'agriculture en importe en Australie.

Après le moineau, le plus favorisé, je crois, par la protection scientifique, c'est le pinson ; le pinson que toutes les observations possibles ne peuvent trouver recommandable que par sa gaîté proverbiale, et l'éclat joyeux de son chant. A part ces faibles agréments, le pinson, comme tous les oiseaux de son espèce, comme tous les gros becs, obéit toujours à ses instincts granivores. Il est donc nuisible à l'agriculture..... Le voyez-vous, en hiver, qui va picorant dans les seigles, les froments germés ; plus tard, avec le linot, qui n'a pas volé son nom, il jonche la terre de la semence de lin qu'ils arrachent et évident à l'envi. Il est de toutes les parties ; il ne tarde pas à s'unir au verdier et au serin pour désoler les chènevières, éplucher l'œillette des champs et, jusque dans les jardins, croquer la semence des choux, raiforts, navets replantés pour la reproduction et l'amélioration de l'espèce ; tandis que, de son côté, un autre gros bec, le chardonneret, comme pour nous éblouir et nous distraire de ses coquets larcins, fait scintiller l'or de ses ailes sur les corolles des chicorées, des laitues, des salsifis qu'il dépouille complètement de leurs graines naissantes. Mais d'insectes nuisibles à l'agriculture détruits par des granivores, voyez leur bec et vous comprendrez que vous n'en trouverez pas ; vous n'en trouverez pas, puisque, pour toute becquée, ils ne donnent même à leur couvée que les grains qu'ils dégorgent trempés et ramollis dans leur jabot.

Et ces gros becs essentiellement granivores, mais rachetant leurs fautes par tant d'autres qualités, l'agriculteur ne pourrait les prendre qu'en les massacrant à coups de fusil, lui qui, en échange des larcins de tous, ne demande, dans une cage hospitalière, que le chant de quelques-uns ? Ainsi leur société charmante l'eût distrait dans ses travaux et aurait disposé sa jeune fille, par les soins journaliers donnés à ses pupiles chéris, aux sérieuses préoccupations des sollicitudes domestiques et l'aurait initié aux douces jouissances des affections pures.

Et ces intéressants écoliers qui, tout le long de l'année scolaire, n'avaient pour tempérer les longs ennuis de la réclusion et les durs efforts de la lutte que l'espoir de leurs vacances si désirées pour les mille émotions de la chasse aux gros becs et ses épisodes si propres à les former à l'amplification ; ces écoliers désolés seraient privés désormais d'une chasse pour eux devenue classique.... Pauvres écoliers, surtout des séminaires, nécessairement sevrés d'ailleurs de tant d'autres jouissances !

J'aurais dû dire que ces gros becs étaient indigènes, qu'ils naissaient dans nos jardins, nos vignes, nos bosquets, nos vergers surtout, sauf pourtant les linots et certains bruants qui nichent dans les ajoncs épineux de nos terres vagues.

Donc priver nos populations de la chasse aux gros becs indigènes, n'est-ce pas les priver, sans motif, tant cette chasse d'ailleurs est peu destructive, des émotions d'une adresse heureuse et innocente pour les uns ; pour les autres, de ces concerts domestiques et gratuits donnés à l'ouvrier des villes, à l'ouvrier des champs, et écoutés sans remords et avec d'autant plus de plaisir que les virtuoses, heureux dans leur douce captivité, s'ébattent, à l'envi pour récréer davantage.

Cette chasse, après tout, n'est, ne serait qu'une bien faible compensation des dommages causés par les uns, supportés gaiement par les autres qui se promettent une réparation peu sanglante, une revanche paternelle.

Si nous passons aux gros becs étrangers, de passage chez nous, comme les bec-en croix qui nous arrivent de la forêt noire Allemande, comme les gros-becs proprement dits qui viennent des provinces Rhénanes et les pinsons des Ardennes que la Lorraine nous envoie tout badigeonnés de rouille et qui viennent se lustrer chez nous et s'abattre, en hiver, par troupes innombrables, sur nos champs et nos vignes ; n'est-ce pas de par un arrêté français, nous priver volontairement et sans patriotisme, de reprendre sur nos ennemis, une si légère partie du bien immense qu'ils nous ont enlevé ?

Après les gros becs, viennent, si je puis le dire, les demi gros becs, becs comme échancrés, tout juste pour éplucher les avoines, qui constituent leur principale nourriture. Cette classe est entièrement formée par la famille des bruants. Déjà excessivement nombreuse, les erreurs des naturalistes en ont encore multiplié les espèces ; tant le mâle diffère de la femelle et même tant le mâle d'une saison ressemble peu au même mâle d'une autre.

L'ortolan est compris dans cette famille, l'ortolan qui, soit dit en passant, compte plus de dialectes dans son chant qu'il n'est peut-être susceptible d'avoir de façons culinaires dans le plat. Je n'en connais guère que deux que, pour la variété du récit, je me croirais peut-être autorisé à décrire, si j'étais un Monselet ou un Dumas si renommés, entr'autres aptitudes, pour leurs descriptions gastronomiques. Mais, en dépit de l'opinion contraire ou du dicton populaire, le moindre laïque doit les connaître, les apprécier mieux que moi. Je suis si loin du temps où je faisais la chasse aux ortolans ; et aussi bien loin déjà, de ces jours où je visitais un excellent et si regrettable ami qui, malgré son amour si vif pour cette chasse, n'aurait pu se déterminer à la faire, afin de n'avoir pas à tuer un pauvre oiseau, n'eût été le plaisir de régaler ceux qu'il aimait. Je veux parler de ce pauvre et cher abbé Lormand, mort à Hontanx, dans une sainte obscurité, quoiqu'il eût été si brillant dans toutes ses classes ; qu'il eût été le rival bien souvent heureux, d'un autre condisciple si distingué. Et, quelque intempestifs qu'ils paraissent ici, je dois à ces tendres souvenirs du premier âge, qui se détachent chaque jour, plus saillants à mesure que le souffle des ans les dégage davantage de tant de poudreuses banalités, je leur dois à ces chers souvenirs disparus pour tant d'autres, de soulever cet autre crêpe funèbre, depuis bien plus longtemps fané, qui recouvre la mémoire d'Henri Dulamon mort si jeune, plein de promesses et d'espérances humaines et, ce qui est plus rare, plein de vertus. Ne me pardonnerez-vous pas cet écart ? c'est peut-être le seul hommage qui ait été rendu à ces deux natures d'élite. Elles méritaient bien davantage.... A ce propos, ne pourrais-je encore ajouter que lorsque Horace composa ces vers d'ailleurs si admirés : *Pallida mors œquo pulsat pede regum turres pauperumque tabernas* ; il eût dû lui sembler aussi naturel et plus touchant de nous dire que la mort semble frapper de préférence ceux qui le méritent le moins, ceux qui nous sont les plus chers.

La transition serait trop brusque, je ne saurais revenir à l'ortolan, d'autant plus que je n'aurais à servir que des ortolans étiques réduits par l'arrêté à être engraissés avec le plomb de nos fusils (1).

Quel dommage pourtant que cette interdiction soit arrivée sitôt ! Une simple observation venait de m'apprendre, et j'allais vous le faire savoir, que le proyer est un ortolan, un

---

(1) Lorsque la concession de la chasse à l'ortolan fut faite, le manuscrit était à l'imprimeur.

énorme ortolan qui, chassé, engraissé comme notre ortolan, jusqu'à ce jour monopoleur, aurait fourni à nos gourmets, à nos gourmands, un admirable ortolan nouveau, au moins gros comme la grive dite Mauvis.

Et tous ces demi gros becs, comme tous les gros becs, sont granivores, donc ils sont nuisibles à l'agriculture, donc ils peuvent, donc ils doivent être chassés.

Maintenant si je passe aux becs-fins, dits non percheurs, je trouve les lavandières, les bergeronnettes, les citrines, qui tirent leur nom de leur plumage ou de leurs mœurs. Ces oiseaux innocents, familiers, ne sont pas granivores, ils détruisent au contraire beaucoup d'insectes, ils sont utiles à l'agriculture, mais aussi ne sont-ils pas chassés chez nous. Le plus souvent, compagnons assidus du laboureur, qui découvre les larves dans les sillons qu'il creuse, et toujours à portée de son aiguillon, au lieu de les maltraiter, ne semble-t-il pas leur dire, à peu près comme la fable de Florian disait à la sauterelle :

> Va donc sur l'herbe fleurie,
> Va manger, ma petite amie !

La famille des alouettes forme le reste des becs-fins non percheurs ; mais granivores comme les gros becs : chardonnerets, serins, tarins, linots, verdiers, pinsons, qui sont chassés pour l'agrément de leur ramage ; granivores comme les demi gros becs : ortolans, bruants, proyers, plus ou moins chassés pour être mis et engraissés en volière ; les alouettes ne pouvant que dépérir en captivité, ne doivent être qu'un gibier pris et servi à propos. Je me réserve de parler un peu plus au long des alouettes, je me borne, pour le moment, à regretter que les naturalistes qui ont trouvé tant de noms propres aux gros becs, quelque ressemblants qu'ils fussent, n'aient pu fournir que des périphrases plus ou moins ridiculement imitées de leur chant, pour désigner tant de prétendues alouettes, d'ailleurs si différentes : alouette lulu, tritri, pit-pit, que sais-je ?

Me voici arrivé au moment le plus critique ; je dois toucher à une question plus brûlante que je ne puis feindre d'oublier. Je vais l'aborder sans détours et défendre, quand même, la cause de la chasse aux becs-fins percheurs. Et cependant, circonstance aggravante, ils ne font pas de mal à l'agriculture proprement dite, et plus aggravante encore, les victimes sont de tendres fauvettes et même des rossignols ! Mais aussi, pourquoi ces rossignols, ces fauvettes, ne se contentent-ils pas de bien chanter ? Pourquoi mangent-ils nos fraises, nos groseilles, nos framboises ? Pourquoi, surtout, deviennent-ils, eux-mêmes, si délicats, si succulents, si parfumés ? Ne doivent-ils pas alors, ayant traduit en un morceau nécessairement friand, les baies sucrées qu'ils nous ont grugées, devenir la cueillette du chasseur qui reprend son bien sous une autre forme ? Et encore, par égard pour leur mémoire artistique ou mythologique, a-t-il la délicatesse, ce bon chasseur, de ne les livrer à la brochette que sous le nom de prosaïque de mûriers ; et alors, tout est sauvé, le sentiment, la poésie !...

De plus, cette chasse réservée à nos jeunes chasseurs, se fait avec des collets si mal tendus, des casse-pieds si maladroits, si souvent inoffensifs que le nombre des becs-fins percheurs est bien peu diminué !...

Aussi, en reste-t-il encore bien assez.... Dans une allée solitaire, le chant d'une ou deux fauvettes suffit pour nous charmer ; plus nombreuses, ce ne serait plus qu'un gazouillement confus. Et, dans le silence des nuits, un rossignol qui égrène ses perles sonores, ou deux rivaux qui se répondent dans le plus enchanteur des concours, produisent un tout autre effet qu'une foule de sons éparpillés qui ne sauraient plus nous ravir.

Ainsi, par la chasse, le nombre des oiseaux chanteurs sur les grandes scènes de la nature : la profondeur des forêts, le silence majestueux des nuits, est-il restreint dans une juste proportion. Ainsi, les notes, mollement cadencées des becs-fins dans leurs tons gutturaux si flûtés, si flexibles, produisent-elles un effet grandiose et enchanteur.

Et, sans la chasse, les gros becs prédisposés d'ailleurs pour la captivité, ne seraient guère entendus, livrés à leur liberté, à raison de la mobilité de leur vie plus nomade et surtout de la faiblesse accidentelle de leur voix plus exposée au tumulte ; mais par la chasse, ces oiseaux familiers contribuent à nous récréer dans nos cages, dans nos volières, de leurs gazouillements, si gais, si continus.

Cependant, encore moins pour l'exactitude et l'intégrité du précis que pour l'élucidation d'un point obscur, dois-je compter aussi dans le nombre de ces hosties pacifiques immolées à la fine chère par le casse-pied, cet innocent cumulard classé par les naturalistes, à la fois, dans les bec-figues et dans les gobe-mouches. En effet, engraissé, comme deux, par les unes et les autres, il devient cette alléchante bouchée de graisse fine appelée, chez nous, Bergeron..... Est-ce parce qu'il siffle, en effet, comme un petit berger ? ou parce que l'oiseau plus gras que le berger n'est maigre se fait appliquer cette antiphrase renversée qui disait d'un famélique qu'il était gras comme un moine ; dans ces temps, dans ces couvents sans doute où les moines devaient être bien maigres !

Puisque je viens de parler du casse-pied, j'ajouterai que cet engin s'appelle *escasiscle* dans le patois du Marsan et *escripète* dans celui du Béarn.

J'avoue mon faible pour ces deux noms, dans ce sens que, s'éloignant des circonlocutions plus ou moins romanes, ils semblent remonter à une plus haute antiquité, ressortir ainsi des temps antérieurs à la conquête des Gaules, nous appartenir comme un legs réellement patrimonial, comme une vraie relique de nos premiers pères qui s'appelaient les Gaulois, les Celtes, l'inconnu ; cet inconnu qui nous plaît, qui nous attire, parce qu'il semble peut-être participer de cet infini vers lequel tendent nos aspirations.

L'infini, c'est aller bien loin pour une *escasiscle !* Mais Virgile lui-même n'avait-il pas dit : *Sic parvis componere magna solebam....* Cependant, je me suis demandé quelle origine, quelle signification pourrait avoir ce mot. Le savant, le linguiste, à raison de son allure grecque, *escasisclos,* ne manquerait pas de lui trouver quelque hellénique maternité ; simple que je suis, je ne puis le faire dériver que d'escail sisclat, qui veut dire bûche gansée, ce qui est en effet l'escasiscle.

Pour l'escripéte béarnaise, celle-là me semble venir d'escopette, carabine portée en bandoulière, dit le dictionnaire, tout comme les béarnais portent leur escripéte.

A présent, qu'escopette ait fait escripéte, ou que celle-ci ait engendré celle-là, je le laisse à la décision de chroniqueurs plus sagaces ; quoique je ne puisse m'empêcher d'avouer que je penche pour le dernier cas ; l'escripéte devant exister avant l'escopette, comme Bayonne avant la bayonnette. Pour le prouver, n'ais-je peut-être pas besoin, fouillant bien avant dans le passé, d'aller soulever les chartes poussiéreuses et les chroniques à demi rongées. A l'appui de mon opinion, je trouve dans des souvenirs récents extraits d'un bocal toujours bien muni du voisinage cette induction aussi naturelle qu'opportune : entre tant d'autres, la reine Claude devait aimer assez les bonnes choses, elle à qui nous devons une prune exquise, pour vouloir se passer de becs fins ; or ils ne pouvaient être pris qu'avec des casse-pieds, escasiscles ou escripétes, alors qu'au temps de cette reine Claude l'escopette n'était pas connue et que les flèches étaient impossibles pour la chasse aux mûriers.

J'arrive aux oiseaux dont la destruction vraiment nuisible à l'Agriculture en rendrait la chasse réellement coupable. Mais les raisons dominantes qui déterminent toute chasse font ici défaut, aussi cette chasse ne se fait pas.

On ne chasse que pour se procurer la société d'oiseaux chanteurs éparpillant la gaieté, la vie, dans le silence, les ennuis, la tristesse d'une habitation privée de bien de jouissances ; et précisément les oiseaux dont je vais parler, par la raison même qu'ils ne sont pas granivores et qu'ils se nourrissent d'insectes, ne pourraient être entretenus en captivité qu'avec des frais que ne compenseraient pas, tant s'en faut, les agréments d'un chant, à peu près nul, s'il n'est même désagréable, chez toutes ces espèces.

Si les oiseaux ne sont pas chassés pour l'agrément de leur voix, ils le sont ou doivent être pour le commerce en comestibles qu'en font certains chasseurs, pour leur profit culinaire qu'en retirent les autres ; mais les oiseaux utiles ne sont même pas mangeables. La nature, ou plutôt la Providence qui se défiait des instincts aveugles de l'homme qui sacrifie si souvent ses véritables intérêts à ses mauvais instincts, a donné une saveur nauséabonde à la chair coriace des oiseaux utiles et même de tous ceux qu'elle voulait soustraire à ses appétits, pour les réserver à relever par la beauté de leur plumage l'éclat d'une nature privée trop souvent de mouvement et de vie.

Ainsi, toutes ces légions de mésanges si prodigieusement nombreuses dans leurs espèces encore si multiples ; grandes charbonnières, nonettes, mésanges huppées, mésanges à longue queue, mésanges bleues qui, toutes fourmillent parmi nous, ne sont pas chassées, n'étant pas comestibles, mais, en revanche, quelles travailleuses !... et quel mouvement, quelle vie ne répandent-elles pas dans nos campagnes ! Elles n'ont pas un instant, ne se donnent jamais ni trêve ni repos. En véritables acrobates, par dessus, par dessous, en long, en travers, dans tous les sens leurs interminables caravanes, parcourent les arbres de tous les vergers, les haies, les taillis, les vignes, jusqu'aux légumes pour enlever cloportes, pucerons, chenilles, larves de toute espèce. Mais si l'oreille se fatigue d'entendre trop de sons croisés, amalgamés, enchevêtrés : cette fois, l'œil ne saurait être choqué de tous ces mouvements prestes, vifs, saccadés, bizarres, non plus que du mélange brusque de toutes ces couleurs si tranchées : jaune, noir, blanc, bleu, vert, aurore qui semblent voltiger et se marier, quand même, comme des papillons sur les fleurs.

Et tandis que ces mésanges si précieuses, si intéressantes travaillent, échenillent dans les bas-fonds, dans les coins et recoins ; de leur côté, les grimpereaux, les torchepots, les piverts, les épeiches peuvent soustraire, grâce à la puanteur de leur chair, leur plumage si varié, si beau à la convoitise de l'homme et consacrer à son service les loisirs que cette assurance contre tout danger leur procure. Ainsi préservés, ces pionniers infatigables, recherchent, poursuivent sous l'écorce des arbres et jusque dans les entrailles de leurs troncs noueux, les larves des aptères, des coléoptères et autres dont les vrilles plus dures que le diamant ont corrodé le cœur. Heureux, après tout, quand leur gosier desséché par un travail opiniâtre a pu gober et savourer une de ces monstrueuses larves du coléoptère géant, si succulentes qu'elles faisaient les délices des légendaires Luccullus de l'ancienne Rome.

Ce n'est pas tout ; d'un autre côté les scops, les chevêches, les engoulevents, poursuivent aussi, avalent tous les scarabées crépusculaires ; et, un peu plus avant dans la nuit, les hulottes, les hiboux, les chouettes cernent, emportent les campagnols, les musaraignes, les mulots, les rats ; et, sans frais, nous servent à la place de ces chats si gourmands, si paresseux, si larrons.

Le lendemain, au lever du jour, les coucous, les draines, les loriots, les huppes perdus dans les bois à la haute futaie échenillent, sur une grande échelle, les pins, les ormeaux, les chênes séculaires et font retentir ces immenses dômes de verdure de leurs sifflets sonores, de leurs appellations accentuées.

Un peu plus tard, quand le soleil a ranimé dans les champs, les insectes engourdis par la fraîcheur du matin ; les pies-grièches, les écorcheurs ne perdent pas leur temps à la chasse des courtillières, des hannetons.

Et, sur un autre théâtre, dans les landes, les motteux, les œnanthes, les traquets perchés sur la plus haute bruyère, écarquillent leurs grands yeux pour chercher, au loin, quelque sauterelle, quelque grillon, un criquet qui rompe leur jeûne forcé dans le désert.

Enfin, sur la lisière des forêts, sur le bord des sentiers

solitaires, le roitelet troglodyte, la passerinette, le rouge-gorge savent exploiter les passants.

Et tous ces oiseaux, tous indigènes, la chasse ne les atteint pas, ne saurait les atteindre pour les raisons que j'ai données.

Je n'ai guère pu faire rentrer dans cette catégorie deux autres oiseaux dont je veux vous parler aussi. L'un appartient à la classe des gros becs, c'est le bouvreuil. Et l'autre, l'alcyon ou martin pêcheur, n'appartenant guère à aucune classe connue chez nous, peut rester isolé. La beauté vraiment tropicale de leur plumage aurait dû tenter la convoitise de l'homme, d'autant que les apparences les lui signalaient comme nuisibles à ses intérêts, si la qualité de leur chair ne les eût rendus repoussants. Ces oiseaux d'ailleurs assez rares sont réellement utiles dans ce sens que, le premier travaillant, à la place de l'homme trop cupide et malavisé, plus jaloux de la quantité que de la qualité, ébourgeonne, dans une juste proportion, les abricotiers, pruniers, pêchers trop surchargés qui finiraient par s'écarteler et périr. Et l'autre, pour quelque menu fretin qu'il pêche dans un vivier, peuple avec le frai qu'il rend intact toutes les eaux de la contrée.

Et j'allais oublier les innocentes hirondelles souveraines destructrices de ces mousquites, de ces cousins si incommodes. Chez nous, aussi bien qu'à Naples, qu'en Sicile, qu'à Rome même, la délicatesse de leur chair aurait empêché leurs services de nous les rendre sacrées, si une appellation touchante ne les eût encore recommandées comme les oiseaux du bon Dieu.

Il ne restait donc pour la chasse, pour notre chasse que les oiseaux qui y semblaient prédestinés par leurs qualités alimentaires et, coïncidence frappante, par la terne obscurité de leur plumage presque toujours gris cendré, par leur innocuité à l'endroit des insectes nuisibles et par la médiocrité de leur chant.

Sous ce dernier rapport je n'excepterai que la calandre alouette des landes; mais, après la chasse, il restera plus d'alouettes encore, pour chanter, au plus haut des airs, la gloire et la bonté de Dieu qu'il ne restera bientôt de landes pour servir de théâtre à leurs ébats mélodieux.

Et ne sont-elles pas envahies, chaque jour, nos landes, par des forêts de pins qui s'avancent sombres et mornes, sans horizons, sans éclaircies, n'ayant pour toute fraîcheur que les rayons du soleil répercutés par une infinité de brûlantes facettes; avec le simoun concentré et étouffant pour toute brise; pour concert les cris aigres, glapissants, continus de ces innombrables cigales qui ne laissent même pas une place où poser un soupir; pour toute société des myriades de taons horribles qui vous couvrent, qui vous dévorent; et tout au plus de temps en temps, un pauvre écureuil solitaire qui semble vous regarder passer avec ce remords du Derviche ou du Fakir mort au monde et à la curiosité.

Ainsi les pins, mercantiles spéculateurs vont prendre à jamais la place de nos landes; et alors, avec les alouettes disparues, adieu à tant d'autres bannis qui devront transporter je ne sais trop où, leurs pénates. Adieu à tous ces pluviers, ces vanneaux, ces courlis dont les circonvolutions si variées et les cris tantôt plaintifs, tantôt moqueurs semblent prendre à tâche de distraire le voyageur et de lui raccourcir la longueur de la route en le captivant par des ébats toujours curieux, toujours nouveaux.

Avec nos landes disparues, adieu encore à ces escales hospitalières, à ces caravansérails gratuits où, pressées par la nuit, par la faim, les caravanes triangulaires des oies sauvages, des cigognes, des grues venaient se refaire dans leur pénible traversée.

Les tranchées desséchantes nous avaient enlevé déjà notre classique échassier landais; les forêts de pins qui les poursuivent, nous feront perdre bientôt ces autres échassiers emplumés qui lui servirent de type.

Avec les landes disparues, adieu aux mille clochettes des troupeaux innombrables disséminés, au clair de la lune bêlant, paissant, ruminant à l'envi sous le sifflet rassurant et tutélaire de leur berger couvert de sa livrée caractéristique, sa brute pelisse de mouton. Et alors, que deviendra le scarabée stercoraire qui, nouveau sysiphe, dans ses efforts souvent infructueux, mais toujours répétés, roule dans son souterrain sablonneux la pelote fécale de la brebis sa voisine.... Où transportera son théâtre le mélancolique excuse loup (1) qui, devant son parterre habituel les coccinelles, les myriapodes, les cicindèles, les brupestes mime si gravement les scènes les plus comiques sur la déconvenue des loups qu'il a trahis.

Depuis longtemps je ne les voyais plus toutes ces biques si gentilles, si éveillées, qui cabriolaient avec tant de grâce sur la cime et sur les revers des falaises sablonneuses qui s'élèvent par ci, par là sur nos landes ; monticules attribués, indistinctement, par les uns au souffle primordial des vents de mer, mais dont les circonvallations si régulières semblent, en certains endroits, les désigner comme un abri, un rempart élevé par des peuplades guerrières ou voyageuses.

Aujourd'hui ces dunes sont solitaires, attendant les pins qui arrivent, qui sont venus pour plusieurs d'entr'elles, les pins qui ont tué déjà ces pauvres petites chèvres si vivaces que je n'y verrai plus batifolant avec leurs jeunes chevriers : *Quondàm, ite Capellœ ! Non ego vos posthac.... dumosà pendere procul de rupe videbo.*

Les pins qui les ont tuées en tueront encore bien d'autres : et le lièvre qui dépérira ne pouvant plus arpenter ce qui fut, de tout temps, son domaine ; et le Jean-le-Blanc, et le faucon Lannier qui, privés de leur lande nourrice, n'ayant plus à frapper d'une aile scrutatrice les ajoncs recéleurs, devront compter bientôt parmi les antédiluviens.

Où donc les goëlands chassés de la mer par des tempêtes, trouveront-ils une surface aussi commode à raser de leur vol déjà fatigué et encore épuisé par des privations nouvelles ? Où trouvereront-ils d'autres lagunes où reposer leurs palmes engourdies et pendantes ?

Et ces horizons immenses où l'œil aimait tant à se perdre et l'esprit à rêver !..... Ces insectes, ces oiseaux, toutes ces

(1) L'Empuse.

choses de notre désert qui s'en va ; tous ces aspects renouvelés des légendes bibliques, des numidiques descriptions de Salluste, laissez-moi leur dire, en passant, un éternel adieu !

Les quelques landes qui restent encore sont pourtant toujours le berceau des alouettes calandres dont le plumage est plus foncé que celui des mauviettes. Déjà gorgées, chez nous, de grains de millet et n'ayant plus qu'une enjambée pour passer en Espagne, notre chasse aux lacets leur fait bien moins de mal qu'aux mauviettes qui, venant de plus loin, ont besoin de se ravitailler dans nos guérets où, avec les appâts, les attendent nos piéges. Mais les plaines de la Beauce qui nous les envoient sont assez fécondes pour en envoyer encore, en envoyer toujours.

Pour complément essentiel citerai-je ces petites alouettes, la plupart filles de nos landes qui, avec les mauviettes, forment la base et font presque tous les frais de notre chasse la plus productive : la chasse aux lacets. Ne doivent-elles pas subir comme granivores, le sort réservé à tous les prédestinés à la fourchette ? La lande ne leur fournit, il est vrai, d'abord pour nourriture, que les semences de ses petites graminées sauvages ; mais viennent à mûrir les millets, elles font irruption dans les champs afin qu'une nourriture plus substantielle leur serve à la fois, de lest et de confort dans les diverses épreuves de l'émigration.

De ce nombre, et je les désignerai ces oiseaux landais par leur nom landais, le trioü assez matois, son long bec pointu l'aurait dit, pour s'esquiver assez tôt avant l'ouverture des chasses, et perdre à peine, la queue de son arrière garde laissée dans la bataille qui vient de s'engager.

Puis vient la site dont, bien mal à propos, la chasse n'est pas spécialement organisée ; car dès lors grasse, dès lors fine comme l'ortolan engraissé, elle lui est préférable puisqu'elle ne doit pas courir, comme lui, les chances et les frais de l'engrais.

Le sit qui, tant s'en faut, n'est pas le mâle de la site, est hélas ! comme bien d'autres, victime d'une injustice criante.

Malgré la finesse de ces fibres charnues, préférables à celles de tant de privilégiés, il a le mal au cœur de se voir apprécier si peu. Il est vrai qu'il paraît bien chétif et, surtout, il est si commun : Ce qui devrait le consoler, c'est qu'il partage ce sort avec les meilleures espèces alimentaires que la Providence a répandues à foison pour qu'elles fussent à la portée de tous.

Et le cochevis, qu'en dirai-je ? D'abord, il a pris un nom qui ne lui appartient pas. Mais sa bonhomie d'un côté, de l'autre sa chair savoureuse, et peut être encore plus les jouissances ineffables qu'il procure aux grands écoliers qui se démènent, jouant du sifflet et de l'appeau volant, sous la cabane de leur chasse au filet dans les ajoncs, plaide en sa faveur. On lui pardonne alors cette usurpation, d'autant plus que le pauvre inconscient ne s'empare que du nom d'un vrai scélérat : le cochevis franc huppé, ce cochevis *marre* qui devrait être notre bouc émissaire, tant il fait de ravages, ne se contentant pas de manger, comme les autres, les grains mûris, mais arrachant encore de son bec long et recourbé les semences de toute espèce, quand il n'est pas réduit à émietter les crottins sur les routes. Et, cependant, comme tous les grands coquins, il échappe, presque toujours, à la prison et à la potence ; c'est-à-dire à la cage et au lacet.

Il y a bien aussi la chasse au filet des serins, chardonnerets, tarins, dont j'ai déjà parlé, mais c'est une chasse en miniature réservée aux enfants et aux plus jeunes demoiselles.

Voilà donc à peu près avec les quelques gros becs déjà signalés, tels que linots, bruants, verdiers, pinsons pris sous quelques trapes avec du chènevis pour appât, les seuls petits oiseaux chassés chez nous.

Ne fussent-ils pas granivores, pas nuisibles à l'agriculture, leur chasse ne serait pas encore un grand mal, tant elle en diminue peu le nombre. Dans nos hivers, regardez plutôt aux plaines du Gave et de l'Adour ! quelles innombrables nuées de volatiles de toute espèce ! Mais, sans la chasse, ne seraient-ils pas comme une des plaies de l'Egypte ? Pressés en grappes serrées, ils remplacent avec avantage les feuilles dont les arbres sont dépouillés ; et cependant les jachères plantureuses qui les nourrissent de leurs semences herbacées, en sont encore littéralement couvertes ! Quand tout part, quand tout se lève, le jour en semble obscurci ; que doit-ce donc être de l'autre côté des Pyrénées, dans les campagnes de Valence et de l'Andalousie !

Je n'ai pas besoin d'excuser, ici, le chasseur s'attaquant avec quelques collets pendus et une demi grappe de raisin ou des baies de gui pour appât, à d'autres oiseaux, les becs-fins percheurs de la grande espèce. L'agrément de leur chant et le débarras qu'ils nous font de quelques vers de terre inoffensifs ne sauraient compenser les dégâts que le merle, la grive, le mauvis, la litorne font à nos cerises, à nos raisins, à tous nos fruits. D'ailleurs le fusil des désœuvrés et surtout la rigueur de certains hivers leur font un bien autre mal.

Je ne devrais donc pas craindre que l'arrêté ministériel ne fléchit devant toutes ces raisons... Il est vrai qu'il est écrit : *Ignoscenda quidem, scirent si ignoscere manes !*

Si tant de motifs ne suffisent pas, en trouverons-nous peut-être de plus péremptoires ? En attendant, faisons une courte excursion sur le domaine de ces oiseaux qui ne sont plus petits oiseaux. Si je me livre sur leur compte à quelque brève investigation, je trouve que cette catégorie formée, chez nous, à peu de chose près, de la caille, la perdrix, la bécassine, le râle d'eau, la bécasse, la maubèche, la tourterelle, la palombe réunit toutes les qualités qui les condamne à être chassées et les défauts qui les privent de toute inviolabilité.

Mais ce n'est pas tout, si j'ai réclamé pour les petits oiseaux une chasse plus adaptée que la chasse au fusil qui semble être une dérision ; pourquoi la chasse de ces grands oiseaux que j'appellerais le gibier, ne serait-elle pas accordée aussi avec des engins spéciaux ? Pourquoi serait-elle réservée au fusil seul ?

N'est-ce pas d'abord pousser à un braconnage tapageur ? Et puis, si le permis semble donner certains droits de chasser à peu près partout ; pourquoi ces droits seraient-ils exclusifs ?

Exclusifs des droits naturels et si légitmes du petit propriétaire ou du ténancier qui nourit le gibier sur ses terres. L'accusation portée contre ceux qui raflent d'un seul coup les couvées entières avec filets et chanterelles, serait juste ou du moins bien plausible, si les chasseurs au fusil n'étaient aussi égoïstes, aussi rapaces, avec cette légère différence qu'ils réclament pour eux seuls le privilége de les gober tous aussi, mais sans partage, l'un après l'autre, et à leur loisir. Du moins, moyennant un prix quelconque, grâce aux vilains, aurez-vous tous l'avantage d'en prendre votre part, et de ne pas mourir la bouche vierge de ces fumets si vantés.

Après ce moment de répit, je dois, pour le besoin de ma cause, invoquer aussi quelques raisons extrinsèques mais déterminantes pour que la chasse qui, de tout temps, a été faite dans nos contrées, puisse être faite, doive être faite encore.

En effet, ce pauvre pays des landes si mal doté par la nature, semblait avoir reçu, comme une compensation dans son extrême pénurie, le passage de tous ces oiseaux voyageurs qui devaient lui payer comme un droit de transit sur ses terres, avant de pouvoir s'enfoncer dans les gorges des Pyrénées, pour se rendre en Espagne..... C'était, là, comme sa manne, sa provision providentielle, et, aujourd'hui, cette chasse devenue un besoin, plus qu'un plaisir, une nécessité, lui serait interdite ! Autant vaudrait priver les riverains du Gave et de l'Adour d'une pêche devenue, pour eux aussi, une ressource doublée de l'habitude d'une jouissance passée à l'état chronique ! Autant vaudrait enjoindre aux Esquimaux d'assister, immobiles, au passage périodique des phoques ou de leurs baleines nourricières ! Et comment réclamer sérieusement une impassible inaction des Canadiens, au moment de l'émigration des bisons à travers leurs savanes et défendre aux Candiotes de ramasser les cailles qui, certains jours, leur tombent des nues !

Cependant, dans la cause que je plaide, je veux adoucir mes conditions et, pour rendre nos adversaires plus traitables, leur faire une concession encore plus large que la réserve de M. de Guilloutet.

Il me plaît bien d'accorder, au printemps, non-seulement l'interdiction de la chasse aux alouettes, mais encore à bien d'autres espèces ; aux palombes surtout qu'une insatiable rapacité renouvelant, cette fois, la fable de la Poule aux œufs d'or, appâte, en quantités innombrables, pour les prendre toutes à la fois, en dépit de cette vieille maxime : Pour les multiplier, ménageons les plaisirs.

Au printemps néanmoins, pour l'agrément des amateurs, j'accorderais la chasse à quelques oiseaux chanteurs. Pour conserver au pays la réputation et le privilége d'être le fournisseur des gourmets de France, Navarre et autres lieux, je maintiendrais la chasse aux ortolans ; et, ainsi, aurais-je encore le plaisir de conserver au Jeudi-Saint des Montois son cachet traditionnel. Mais, à part ces deux cas, faisons la chasse tous, mais seulement aux vacances ! chasse qu'alors n'émousse pas la satiété, qu'aiguillonne la difficulté ; chasse aux oiseaux repus, jeunes ou rajeunis que la Providence nous envoie tout dispos pour opposer leur agilité, leur finesse à nos ruses, à nos engins. Alors tant pis s'ils se laissent prendre, la partie est égale, l'honneur est sauf et ils nous devaient un tribut. Mais grâce à ces oiseaux allanguis, maigres, affaiblis par les peines et les privations de l'exil ! La tuerie de toutes ces malheureuses victimes serait une cruauté. Laissons-les retourner à la patrie nous préparer pour les vacances prochaines, avec de nouvelles générations, de nouvelles émotions et de nouveaux plaisirs !

Et ne pourais-je pas ajouter que l'Eglise, cette mère intelligente avait peut-être réservé, pour les jours du printemps, son vieux carême comme un préservatif, comme une sauvegarde en faveur des oiseaux ?

Je reprends : La chasse n'atteint, que très-peu, les oiseaux nuisibles à l'agriculture ; et encore, grâces à nos réserves, les atteindra-t-elle moins désormais.

. Elle respecte, elle est même forcée de respecter, pour des raisons intrinsèques, déjà déduites, les oiseaux utiles.

Mais ces mêmes oiseaux, surtout si peu nomades, à peu près tous indigènes qui ne les respecte pas assez ? C'est cet âge sans pitié qui s'en va fouillant dans tous les creux des arbres pour dénicher et faire périr tant de malheureux oisillons et surtout bien de pauvres petites mésanges, par suite de la cruelle insouciance des parents et du peu de surveillance de tant de maîtres d'école. Ne pourraient-ils, ces derniers, leur répéter, alors, ce couplet de Berquin, l'ami des enfants dans sa romance si connue : « Je le tiens ce nid de fauvettes : »

> Hélas ! si du sein de ma mère
> Un méchant venait me ravir
> Je le sens bien dans sa misère,
> Elle n'aurait plus qu'à mourir !
> Et je serais assez barbare
> Pour vous enlever vos enfants !
> Non, non, que rien ne vous sépare,
> Non, les voici, je vous les rends !.....

Après les enfants, qui ménage encore moins les oiseaux utiles et qui finira par les détruire tout à fait ? Demandez-le à ces agriculteurs eux-mêmes, à ces propriétaires froids, insensibles, aveugles spéculateurs qui, sans souci de tous les augustes souvenirs du passé, sans respect pour la mémoire des vieux parents qui les plantèrent, coupent et vendent, même à vil prix, ces arbres antiques qui abritèrent tant de générations et, au souffle des vents, bercèrent, dans leur nid de mousse, toutes ces jeunes couvées. La nature qui avait compté sans l'amour barbare du lucre leur avait creusé dans le bois ces abris tutélaires. Où donc trouveront-ils désormais un refuge, eux qui ne sont pas, tous, aussi peu douillets que l'engoulevent qui couche sur la dure ; qui ne sont pas tous fils d'une marâtre comme la femelle du coucou ?

Aussi l'empereur avec cette bonté de cœur qu'on se plaît, malgré tout, généralement à lui accorder, faisait-il attacher des nids creux artificiels aux jeunes arbres des forêts nouvelles, et je ne crois pas que cette attention touchante puisse être taxée de puérilité.

Après toutes ces concessions, ces réserves, ce zèle pour la

conservation des espèces utiles, si nous ne pouvons encore obtenir merci, vendons chèrement notre cause et ne craignons pas d'attaquer de front ces prétendus savants, ces naturalistes la cause première d'une vexation aussi criante que criée, qu'inutile.

Et d'abord, les inductions arbitraires de leurs classification systématiques sont-elles d'accord avec ce critérium infaillible ; l'observation appuyée sur les faits ; les faits qui, avec leur brutale ou plutôt avec leur infaillible autorité, ne sauraient manquer de donner une conviction inébranlable et, par suite, raison à celui qui, étudiant et surprenant la nature sur le vif, acquiert cette conviction éclairée par la lumière de la simple vérité qui ne saurait pas être obscurcie. Que peuvent être devant elle des articles creux, des sophismes plus ou moins captieux, des assertions si peu motivées ! A la faveur d'emprunts faits sans cautionnement, que de fois, comme l'ignorant, le plus savant lui-même s'en va-t-il disant ce qu'il a ouï dire, et sans vérification et sans contrôle, répétant ce qu'on a répété depuis Aristote, Pline, Buffon et tant d'autres jusqu'à nous.

Ainsi parmi tant d'autres aberrations surprenantes pour tout observateur réfléchi, ont-ils rangé je ne sais plus dans quelle catégorie, tout document me faisant absolument défaut pour la vérification, le geai qui n'est pourtant qu'une grosse mésange, une mésange pour la forme, pour les goûts, le caractère et la plupart des mœurs. Que font-ils aussi de l'étourneau ou sansonnet? L'ai-je encore oublié? je crois qu'ils le rangent parmi les grives et les merles ; mais, à coup sûr, ils n'en font pas ce qu'il est : une petite corneille, regardez, et tout vous le dira. Observent-ils d'ailleurs aucune transition ! Et, puisque des espèces à peu près inanimées soudent le règne végétal au règne animal ; que de transitions graduelles rattachent entr'elles les différentes classes d'oiseaux en autant de chenons imperceptibles aux yeux du naturaliste théoricien qui met, entre chacune d'elles, une tranchée catégorique. Ainsi, entre tant d'autres cas, ne font-ils qu'une fauvette, fauvette d'hiver de ce que nous appelons passemarie qui est une transition des insectivores aux granivores ; ainsi n'ont-ils jamais songé à rattacher les becs fins aux pivers par la conformation de la langue contractile du torcol et les coucous aux épeiches par la disposition de leurs doigts postérieurs.

Si nous vérifions maintenant le compte des entomologistes alliés si naturels des ornithologistes ; nous avons trouvé qu'ils ont pu croire, écrire et répéter, entre bien d'autres erreurs, sans doute, tant celle-ci est criante, que le charbon gangréneux provenait souvent de la piqûre d'une mouche qui avait mordu déjà dans une chair putréfiée.... Mais les autours croqueront des laitues ; et les limaces dévoreront des oiseaux palpitants, avant que la mouche aux appétits sanguins avide d'un sang vivant sur des victimes vivantes, attaque d'un dard inhabile la pourriture des chairs réservées aux tampons spongieux des mouches vermiculaires et à leurs larves.

Nous devrions sans doute pardonner aux romanciers et aux poëtes ; mais la terreur que nous répandrons au loin nous sera peut-être favorable. Et puis, après des exemples venus de si haut, se croiraient-ils encore autorisés et seraient-ils excusables, en nous servant dans leur description, des mouettes pour des mauviettes, ce qui est si différent pour la forme et surtout pour le goût. Et, pour donner, comme toujours de la couleur à une période tant soit peu lugubre, ne manqueraient-ils plus désormais de l'assombrir avec le cri sinistre de l'orfraie, l'aigle de mer ; au lieu et place de l'effraie, cette chouette des clochers qu'ils avaient en vue.

Profitons de la surprise qu'a dû causer à nos adversaires ce mouvement offensif et avant qu'ils ne soient remis, pour les achever, appelons à nous de nouveaux renforts.

S'il est vrai qu'il est écrit qu'il faut une passion à l'homme, si le poëte a pu dire : *Trahit sua quemque voluptas*; quelle passion plus innocente que celle de la chasse aux oiseaux ! quelle autre peut lui être préférée ! Serait-ce la passion du jeu où on commence par être dupe, où on finit par devenir fripon ? Serait-ce la passion des clubs où chacun s'en va sapant, à son tour, la chose publique pour bâtir avec ses débris sa chose privée ; ou celle des cabarets, des estaminets, des cafés dont le moindre mal n'est pas, pour leurs si nombreux habitués, ce dégoût toujours croissant du foyer domestique, suivant cette maxime si vraie de la philosophie chrétienne : *Cella continuata dulcescit, malé custodita tœdium generat.*

La chasse aux oiseaux, au contraire, dans les loisirs forcés que fait la solitude rapproche par la pensée le chasseur de la nature et par suite de Dieu ou de la vertu, ce qui est identique. N'eût-il que cette petite fleur sauvage qui sourit à l'entrée de sa cabane, simple et gentille comme la Picciolla du prisonnier de Saintine ! N'eût-il que cet insecte microscopique qui s'en va sur les pans de sa manche, poursuivant les péripéties d'une vie jusqu'alors ignorée ? Mais n'a-t-il pas encore les satyres, les vanesses, les danaïdes, qui viennent lui conter les pures amours des fleurs ; et même, parfois, quelque libellule fourvoyée, portée par la brise sur ses ailes d'azur, qui lui rappelle les senteurs aromatiques de la menthe et des glaïeuls et lui rapporte peut-être aussi les cancans du marécage.... Aux jours pluvieux, c'est l'arc-en-ciel qui se dessine, au loin, dans la campagne, avec ses promesses, ses espérances, avec ses prismes radieux dont, parfois, il cherche en vain à compter et trancher les nuances. Plus souvent, c'est ce paysage nuageux du ciel dessiné par un crayon sublime, et diapré, surtout vers le lever ou le coucher du soleil, des couleurs à la fois les plus vives et les plus douces, fondues avec un art infini. Toutes choses qui le portent à la réflexion qui lui apporte, à son tour, des pensées graves et sévères.

Je ne connais de passion préférable à la passion de la chasse aux oiseaux que la passion de l'Agriculture ; mais ne peut l'avoir qui la veut, la passion de cette suprême puissance qui fait de l'homme un autre créateur. Cependant je devrais en parler peu, en parler tout bas ; nul n'étant juge dans sa propre cause. En effet, si je parlais trop favorablement de l'Agriculture, me prendrait-on pour un apologiste intéressé de mes goûts, ces goûts ravalés surtout par les Agriculteurs ; tant ils sont indignes de pratiquer, incapables de comprendre le premier des états, le plus noble des arts, méprisant chez les autres ce goût de l'agriculture parce qu'ils le mesurent à leur hauteur.

Aussi la plupart des jeunes agriculteurs rougissant d'une position qui devrait être leur gloire, abandonnent-ils la belle profession de leurs pères. Ils désertent ces champs, ces hameaux qu'ils devaient aimer comme la Patrie, et, s'entassant encore dans les villes encombrées pour y suivre une carrière plus digne de leur stupide fatuité, ils se traînent souvent dans la misère et le désordre à la poursuite de ces états qu'à leur honte, la plupart des animaux exercent d'une façon bien supérieure. Pour vous convaincre de la vérité de cette dernière assertion, il ne vous faut d'autre guide, d'autre document que l'observation ; sans autre plagiat, sans autre emprunt que vos loisirs doublés de tant soit peu de goût ou du besoin d'un absorbant quelconque, vous le trouverez aussi.

Ainsi quel charpentier, quel couvreur est plus adroit que la pie ? Quel maçon bâtit comme l'hirondelle ? Quel matelassier fait des sommiers, des édredons aussi moëlleux que le troglodyte ? Qui donc est habile, comme le loriot, dans la confection des hamacs et des escarpolettes ? Les carnassiers, les oiseaux de proie, les insectes même n'ont pas leurs pareils comme chasseurs, comme pêcheurs ? Qui brode comme l'araignée, qui tend des pièges aussi subtils ? Qui file, qui tisse comme le ver du mûrier, comme la chenille processionnelle du pin dont on n'a pas su exploiter encore les fils ductiles et soyeux des innombrables quenouillées qui coiffent nos pignadars ? Si la guêpe fabrique un papier parfait, et se distingue encore dans la marqueterie ; quelle confiserie est plus aromatique, plus médicinale, plus sucrée que celle de l'abeille ? Est-il un pâtissier comparable à l'hirondelle du Coromandel qui compose, en forme de nid, avec l'algue des mers, un gâteau inestimable, hors de prix ? Et quel parfumeur excelle dans son art comme la civette ou même comme le coléoptère musqué du saule ? Où trouver des lapidaires pareils aux bivalves du Malabar et des joailliers comme les polypes qui travaillent le corail sur la plus vaste échelle ?

Et maintenant, si je laisse les ouvriers pour les artistes ; quels musiciens, quels compositeurs que les oiseaux ! Parmi les insectes, que de graveurs sur feuille ou sur écorce ! Quel géomètre a, comme le pivert, le compas dans son œil ? Les pics, et ce tueur de serpents, le solitaire, tous les animaux malades ou blessés ne connaissent-ils mieux que le botaniste la vertu des simples ? Et le chat, le canard, la taupe, la rainette, ne nous renseignent-ils pas plus sûrement sur les variations de l'atmosphère que les astronomes avec tous les astres et tous leurs baromètres ? Quel médecin, pardon, quel carabin est plus expert que la sangsue, plus guérisseur que la limace, la cantharide ? Quel avocat, je me trompe encore, quel procureur est inépuisable, incisif, accentué comme le perroquet, je n'ai pas dit aussi bavard. Et le religieux lui-même voué au plus complet renoncement n'aurait-il pas encore à prendre des leçons d'humble et patiente résignation chez ce pauvre hibou qu'aucune injure ne saurait émouvoir, quand les sifflets, les coups de griffe et même les coups de bec laissent immobile sa bonne et grosse tête. Et, quel acteur est plus comique que le singe ? Quel clown égale-t-il en adresse, en tours de force, en jongleries le moins exercé, le dernier des magots ? Enfin, où trouver un architecte aussi versé dans la construction, dans l'hydraulique que le castor ?

Et dans le militaire, qui est plus zouave que le bouledogue qui, pour se battre, se traîne sur les tronçons de ses quatre pattes fracassées ? Plus turco que le frelon qui, lui aussi, sonne et hurle la charge, en même temps qu'il ne craint pas de se ruer sur le lion et même sur le feu. Quel général sait mieux disposer et commander ses troupes que la reine d'une ruche ? Et quelles troupes savent mieux mourir, s'immolant à cet amour sacré du devoir et de la patrie, dans son acception la plus pure et la plus désintéressée ! quel dommage qu'un Plutarque à elles ne puisse venir nous conter leurs hauts faits pour confondre notre ridicule et si puérile forfanterie !

Or, notre recule vulgaire confondue si mal à propos par plusieurs avec le formica-léo, ne connaissait-elle pas, bien longtemps avant nous, les effets de la mitraille et n'était-elle pas versée dans la science de l'artillerie ? Sans être passés le moins du monde par la polytechnique, les termites, les fourmis aussi habiles que Vauban dans l'art de la défense et de la fortification des places savent creuser des tranchées, pratiquer des mines, élever des épaulements, des parapets, percer des machicoulis et fonder des cités souterraines plus admirables que celles de Ninus et de Cécrops.

Et si je passe aux charges publiques, moins économe que la plupart de nos policiers, la luciole n'attend pas trop les ténèbres pour allumer son gaz. L'abeille, la fourmi, me semblent les plus actifs, les plus intègres des collecteurs. Et quel bureaucrate peut comparer sa sujétion à l'immobile assiduité de la tarentule ? Nul n'est plus reconnaissant et ne sait mieux jouir d'une grasse sinécure que le bourdon. Est-il docteur en Sorbonne, ou membre de l'Institut plus subtil observateur que l'éléphant ? Cherchez un instructeur plus sagace, un examinateur plus profond que ce grave pachyderme ? Où trouverez-vous un juge plus équitable que le jocko dans la reconnaissance des droits de chaque maraudeur de sa troupe ? Quel député est aussi fidèle à son mandat que le molosse à sa consigne ! Quel diplomate est plus madré que le renard ? Quel courtisan fait patte de velours comme le chat ? Quel souverain est grand comme le lion, sublime comme l'aigle ?

Mais l'agriculture reste seule l'apanage de l'homme, comme une marque distinctive de sa royauté suprême. Quel animal, en effet, a la moindre teinture, la moindre pratique de l'agriculture ? Tout au plus, le geai, la pie, le mulot, le loir, l'écureil savent enfouir des glands, des faînes, des châtaignes, des noix, des noisettes, des graines comme provisions d'hiver qui, souvent oubliées ou inutiles et surabondantes, produisent des plantes, des arbres, des forêts ; mais ce n'est, là, que de l'emmagasinage ; et ce n'est pas plus, chez eux, de l'instinct agricole que chez le merle qui, avec les pepins des raisins qu'il a mangés, sème de lambruches les bois et les taillis ; que chez la grive qui plante des genévriers et des aubépines avec les semences de leurs baies avalées et rendues intactes.

N'est-ce donc pas l'agriculture qui, chez l'homme, a créé le travail et par le travail la propriété, et par la propriété, la société, la civilisation et tout ce que nous sommes. Si je suis encore suspect dans mon apologie, ne puis-je pas la faire patronner par des voix autrement autorisées ; ce noble comte de Dampierre qui, par l'agriculture, a régénéré son canton ; ce roi d'Angleterre, George, qui cultivait naguère ses jardins ; les empereurs de la Chine ; les ordres religieux qui défrichèrent, cultivèrent la meilleure part de l'Europe ; Charlemagne et ses capitulaires ; les hommes illustres de la République romaine ; les grandes figures de la Bible ; les héros de l'ancienne Grèce qui travaillaient leurs terres, dans ce temps hélas ! si différent du nôtre, où la fille des rois, la belle Nausicaa lavait elle-même sa lessive. Et ces temps n'étaient pas si barbares, puisqu'alors Homère, Esope, Hésiode écrivaient des chefs-d'œuvre immortels, peut-être inimitables Je passe et je laisse encore l'énumération de tous ces demi-dieux, tous ces dieux qui par leurs leçons, leurs exemples ont recommandé l'agriculture. Je passe, je dois passer, car si la voix fatidique de la légende criait à son vagabond : marche, marche ; j'entends mon petit imprimeur aux aguets, qui me dit aussi : marche, marche ; le traité n'accorde plus qu'une page d'impression ; et, pourtant je n'ai pu couronner ma digression agricole de ce vers fameux devenu si banal, tant il est usé et surtout incompris : *O fortunatos nimium !*....

Et je n'ai pas même le temps de l'achever, que j'entends toujours marche, marche et, je marche et, après tant de détours, tant de haltes et tant d'étapes j'arrive à voter, à pétitionner, à signer, pour que la chasse soit permise, soit rendue à ces pauvres landais trop repus de légumes pour partager la manière de voir de Pythagore ; soit rendue surtout à nos écoliers qui n'ont pas encore eu le temps ou l'occasion de s'attendrir avec Louis Racine sur le sort des oiseaux exposés à mourir sur la terre de l'exil :

> Du départ général le grand jour est fixé.
> Il arrive ; tout part, le plus jeune peut-être
> Demande en regardant les lieux qui l'ont vu naître
> Quand viendra ce printemps par qui tant d'exilés
> Dans les champs paternels se verront rappelés.....

Nos futurs bacheliers aussi bien que les plus obscurs des aspirants à l'humble froc viennent, au contraire, de traduire l'Epitome historiæ sacræ, et ils se souviennent si à-propos de ce passage de la Genèse : *Terror vester sit super cuncta animalia terræ et omnes volucres cœli, et omne quod movetur et vivit erit vobis in cibum.* Ce morceau leur a peut-être coûté assez cher pour y attacher un grand prix. Mais surtout, quand, dans la correction, le professeur leur a traduit, en bon Français, qu'ils auraient toute domination sur les oiseaux qui volent dans les airs ; allez donc leur dire qu'ils ne pourront plus chasser. Ne vous jetteront-ils pas à la tête cet argument irréfutable aux yeux de tout adepte des sciences naturelles et philosophiques : Le Maître a dit le contraire ; *magister dixit*, et la parole du maître est un article de foi.

Après la circulaire prohibant dans le département toute espèce de chasse, excepté la chasse au fusil, je n'eûs pas le temps de céder à la pression d'une arrière-pensée quelconque. Un ressort ou plutôt une commotion électrique souleva ma plume et la lança dans un griffonnage à peine ébauché qui, attendant l'impression depuis plus de trois longs mois de station pénitentiaire, s'est fait, chaque jour, plus suranné. Encore si j'avais retenu le manuscrit, aurais-je pu le châtier davantage et même le refondre entièrement.

Cependant tel qu'il est je n'hésite pas à le livrer, le jugeant encore plus estimable que l'auteur ne se juge estimé. Il ne doit pas alors craindre, le moins du monde, d'avarier son crédit. Cependant, malgré la précipitation d'un premier jet, d'une espèce d'esquisse, il peut du moins revendiquer ce mérite si rare dans ce temps de reflets empruntés. Il ne doit à personne ni une idée, ni un mot. Il n'a pas trop à insister pour qu'on le croie, et c'est là, pourtant, son seul titre à cette vanité que permettait aux vieillards l'austère gravité de Tacite, quand il leur accordait de se glorifier eux-mêmes, sans doute en guise d'exorde à leur oraison funèbre ou de prélude à ce concert fatal de louanges que nos désirs à tous voudraient tant ajourner.

NOTE DE LA DEUXIÈME ÉDITION

La fantaisie appelle la fantaisie ; c'est la règle, la loi : *abyssus, abyssum invocat*. Si elle ne m'a pas, la fantaisie, dicté à peu près seule, la note finale de la première édition, cette fois, elle a soin de réclamer, uniquement pour elle, le privilége de ce nouvel appoint, comme un supplément d'ailleurs très susceptible d'être taxé d'insipide et surtout d'hétérogène superfétation... *video* et cependant *deteriora sequor*.

Quelques complaisances m'auraient-elles donc assez gâté pour me faire croire que je pourrais impunément me passer, cette fois, un caprice !

Bien incidemment, j'ai parlé d'oraisons funèbres ; j'ai parlé de concerts *in extremis, post extrema* ; concerts d'ailleurs bien peu sonores pour des oreilles qui n'entendent pas, panégyriques bien froids pour des cœurs qui ne battent plus. Mais ne l'a pas toujours qui veut cet honneur même fatal, ne l'a pas surtout celui qui souvent l'aurait mérité ; c'est que mérite et succès ne sont pas toujours synonymes ; aussi ne faudrait-il pas les confondre ces deux mots.

Si donc l'opinion publique supprime encore trop souvent cette dernière compensation dans la mort, la réparation de la fin, charitablement accordée aux déshérités de tout relief dans la vie ; c'est que cette aveugle opinion n'a pas su découvrir, n'a pas même cherché dans ces ombreuses et modestes retraites des obscurités cachées, les premiers éléments d'une inspiration quelconque pour le concertant ou l'orateur. Donc, même après la mort, en dépit de cette locution si souvent répétée : Que Dieu vous garde de l'heure des louanges ; l'heure des louanges même méritées ne sonne pas toujours en même temps que le glas de la cloche funèbre. Donc, mérite et succès ne sont pas, je l'ai dit, toujours identiques. Ils n'ont pas marché dans la vie assez souvent ensemble pour vouloir se confondre ensuite.

En effet, dans la vie, voit-on tel individu qui n'a souvent d'autre mérite qu'une certaine manière d'être, qu'une espèce de savoir faire apprêté, qu'une crâne façon de porter le masque ; et il obtient un succès énorme bien hors de proportion avec sa valeur réelle. C'est qu'il n'a pas craint d'étendre une couche épaisse de vermillon sur sa piteuse pâleur ; et il a su illuminer ses ombres des fausses lueurs d'un simple feu d'artifice.

Tel autre au contraire, esprit modeste et concentré, songe à peine à présenter à des regards profanes ou distraits même l'envers de son étoffe, et il réserve pour lui seul ou ses intimes l'endroit de son tissu ; il veut préserver d'un hâle avide et absorbant des couleurs fraîches et délicates. Mais n'est-ce pas ainsi que, faute de retourner l'étoffe, des dessins admirables ne seront jamais admirés, tandis que les tons criards seront acclamés, dans leur tapageuse médiocrité, par mille voix plus banales les unes que les autres.

Je me plais à le répéter, si mérite et succès sont peu souvent corrélatifs, c'est que les répartiteurs sont parfois bien aveugles. Ne l'ont-ils pas d'ailleurs toujours été ?

Voyez plutôt les figures symboliques de la Mythologie ! Y en avait-il pas mal de ces aveugles ! L'Amour était aveugle ; la Fortune aveugle ; les Parques devaient être aveugles ; Esculape n'était-il pas aveugle ? Je l'aurais cru, et cette demi-conviction me serait-elle venue du vague souvenir des yeux mornes et sans prunelles qui m'avaient frappé sur la face de sa froide statue ? Peut-être ; car je ne saurais l'attribuer à quelque arrière pensée visant à une allusion quelconque.

Et encore Minos, ce mythe prototypique du juge dans son impartiale intégrité ; ce primitif porteur de la toge modèle ; ce protecteur patronal des toques de toutes nuances ; eh bien ! s'il n'était pas ce qui s'appelle aveugle, n'était-ce pas à peu près tout comme, puisqu'il siégeait dans l'ombre et les ténèbres ; et que, grâce à l'obscurité, je n'oserai pas dire que lui, le Dieu, s'aveuglât au point de commettre quelque passedroit ; loin de là ; mais les Grecs de son ressort pouvaient bien les lui piper les poids de sa balance.

Or, les Grecs de cette Grèce ne sont-ils pas cosmopolites ? S'ils sont de tous les lieux, ils sont de tous les temps. S'ils pullulent sous toutes les zones, ils fourmillent sous tous les régimes. Ils sont partout les Spartiates de Lacédémone, c'est-à-dire les voleurs de la république ; ils sont les fourbes, les lâches du Bas-Empire ; les Bysantins de la légende, de de l'histoire ; ils sont les escrocs, les escamoteurs, les roués de la chronique. Et malgré cela, pour cela, ils sont les parvenus du mensonge. Aussi privilégiés que les audacieux d'Horace, ils peuvent dire : *mendaces fortuna juvat* ; car, sous toute espèce de juges, aussi bien que sous Minos, ils sont si experts à frauder sur les poids de toutes les balances.

Et si, comme tous ces Dieux incomplets et tâtonneurs, notre dieu Succès eût été personnifié ; si, comme tel, on l'avait admis aux honneurs de l'apothéose, n'aurait-il pas dû, celui-là, être représenté, le croyez-vous, les yeux crevés ou du moins recouverts d'un quadruple bandeau ?

Voyez plutôt dans ce recoin celui qui vient de mourir, mourir ignoré, dédaigné peut-être... Le glas si court, si mesuré qui annonce la fin de cet inconnu fait à peine retourner la tête ; la curiosité n'accorde pas même une question à sa mémoire ; c'est qu'eût-il été capable de produire toute sa vie, il l'a passée dans l'inertie, et cependant elle devait avoir sa valeur relative. Mais il était sorti de sa voie ; et il n'avait pu ni trouver, ni exploiter la mine peut-être si riche qui devait être son partage. Fût-il dévoyé par quelque heurt inattendu, par quelque impulsion forcée, ou bien son impuissance n'est-elle venue que de la pénurie des moyens qui devaient lui revenir et qu'on lui a mesurés avec une extrême parcimonie ?

Ainsi la vie sociale a-t-elle allié bien des mixtures au riche métal de ses bienfaits. En ouvrant une vaste lice à l'occurrence de ces ambitieuses compétitions qui s'élancent par toutes les issues, par tous les moyens à la poursuite, à la fois, des profits et des honneurs, ne fait-elle pas retentir cet immense champ de combat, cette tumultueuse arène ouverte à toutes les intrigues du bruit discordant de tous les murmures : murmures de ceux qui ne murmurant pas avec le droit de murmurer, murmurent de ne savoir pas murmurer quand même ; murmures de ceux qui, déboutés de ce droit par tant d'autres concessions, murmurent d'être privés du plaisir de murmurer aussi.

Mais n'est-il pas temps que je m'arrête pour ne devenir pas suspect de vouloir murmurer moi-même. Je sens qu'il devrait suffire, pour m'en détourner, de me renvoyer à la sentence inscrite sur le frontispice du temple d'Epidaure, mais, la contagion de l'exemple aidant, si je continuais, ne risquerais-je pas d'être entraîné dans ce sens ; et j'aurais d'autant moins de grâce et de raison que ma part est si belle dans ces doux loisirs qui n'ont pu m'être ménagés que par les faveurs bien gratuites, de quelque demi-Dieu : *Deus nobis hæc otia fecit*.

Dax, imprimerie J. Jestède.

www.ingramcontent.com/pod-product-compliance
Lightning Source LLC
LaVergne TN
LVHW022143080426
835511LV00007B/1228